Für dich

und deinen Hund

Jessica Lütge

Achtsamkeits-Tagebuch
für dich
und deinen Hund

Bibliografische Information der Deutschen Nationalbibliothek: Die Deutsche Nationalbibliothek verzeichnet diese Publikation in der Deutschen Nationalbibliografie; detaillierte bibliografische Daten sind im Internet über dnb.dnb.de abrufbar.

Bild von Harosh auf pixabay
Herstellung und Verlag:
BoD - Books on Demand, Norderstedt
ISBN 9783753458540

Warum ein Achtsamkeitstagebuch für dich ♡
und deinen Hund ein spannendes Erlebnis ist

Du freust dich über dein Haustier, deinen Hund, und
bist jeden Tag für ihn da.
Es gibt gemeinsam so viel zu entdecken, zu spielen,
kuscheln und immer wieder Neues, was dich erwartet.
Ein Hund ist unglaublich toll und gleichzeitig hast du
auch viel Verantwortung für ihn übernommen.
Du fütterst ihn, spielst, kuschelst, gehst mit ihm Gassi
oder bist auch einfach nur für ihn da.

Das Achtsamkeitstagebuch hilft dir, auch auf die Klei-
nigkeiten zu achten, tolle Glücksmomente mit deinem
Hund festzuhalten und ihn immer besser kennenzuler-
nen. So hast du jeden Tag noch viel mehr Freude mit
deinem Hund.

So geht es:
Du kannst jeden Tag, oder so oft du willst, in dein Achtsamkeitstagebuch schreiben, malen und zeichnen.
An jedem Tag findest du drei Möglichkeiten zum Ausfüllen. Am Ende jeder Seite steht immer ein Herz, in das
du deinen ganz besonders schönen Moment am Tag mit
deinem Hund schreiben oder malen kannst.

So füllst du dein Achtsamkeitstagebuch Schritt für Schritt und hältst hinterher dein eigenes Buch über deinen Hund in den Händen.

Das Buch eignet sich sowohl für einen Hund, der ganz neu bei dir einzieht, als auch für einen Hund, der schon länger bei dir wohnt. In jedem Fall erwarten dich und deinen Hund viele Anregungen und Spaß beim Ausfüllen.

Und ihr erfahrt jeden Tag immer mehr voneinander, was ihr noch gar nicht wusstet.

Viel, viel Freude
mit deinem Hund
wünscht dir
Jessica Lütge

Übrigens habe ich auch einen kleinen Hund Emma, genauer gesagt eine Hündin, die schon ganz gespannt auf deinen Hund ist.

Datum:

Mein liebster Spitzname für meinen Hund ist:

So fühlt sich das Fell meines Hundes an:

◯ samtig   ◯ weich

◯ ganz glatt   ◯ dauergestreichelt

Oder ganz anders: ___________________________

Ein besonders schöner Moment mit meinem Hund
heute war:

Datum:

Mein Hund ist:

○ total verspielt ○ richtig süß

○ verschmust ○ manchmal vorsichtig

○ hinter Bällen her ○ oft am Naschen

Oder ganz anders: ________________________________

____

____

Das war heute mein lustigster Moment mit meinem Hund:

Datum:

So sieht der Lieblingsschlafplatz meines Hundes aus:

Das mag ich an meinem Hund ganz besonders:

____

____

____

Wenn mein Hund sprechen könnte, würde er mir heute sagen:

Datum:

Diese Leckerlis mag mein Hund am liebsten:

Wenn ich mit meinem Hund draußen bin, denke ich:

____

____

____

Manchmal wünsche ich mir für meinen Hund:

Datum:

Mein Hund freut sich über:

◯ mich

◯ Kuscheleinheiten

◯ Leckerli

◯ Quatsch machen

◯ ein superweiches Schlafplätzchen

◯ Gassi gehen

Oder auch darüber: _______________________________________

So richtig toll finde ich, wenn:

____
____
____
____
____

Darüber habe ich heute bei meinem Hund besonders gestaunt:

Datum:

So sieht es aus, wenn sich mein Hund freut:

Das konnte ich heute beobachten:

____
____
____
____

Ein richtig süßer Moment war:

Datum:

Das hat mein Hund heute gefuttert:

- ○ Nassfutter
- ○ Trockenfutter
- ○ Kauknochen
- ○ ________

- ○ Hundeleberwurst
- ○ Gefundenes
- ○ Leckerli
- ○ ________

Wenn ich mit meinem Hund zusammen bin, freue ich mich oft darüber:

____

____

____

Es gibt so viel, was ich mit meinem Hund machen kann, wie beispielsweise streicheln, spielen, füttern, rausgehen und noch vieles mehr. Heute habe ich besonders dies gemacht:

Datum:

Heute war mein Hund richtig

- ◯ neugierig
- ◯ hungrig
- ◯ müde
- ◯ verschmust
- ◯ fröhlich
- ◯ ___________

Das würde sich mein Hund noch von mir wünschen:

____

____

____

____

____

So sollte der tollste Spielplatz für meinen Hund aussehen:

Datum:

Heute habe ich

- meinen Hund gefüttert
- mit ihm gespielt
- einen tollen Spa- ziergang gemacht
- Spielsachen gesucht
- gekuschelt
- ______________

Was heute richtig gut geklappt hat mit meinem Hund, war:

____
____
____
____

Das will ich einfach mal sagen:

Datum:

____

____

____

Ein besonderer Leckerlispaß für meinen Hund war heute:

____

____

____

____

Ganz besonders mag ich an meinem Hund:

Datum:

Mein Hund und ich

- verstehen uns ohne Worte
- sind unzertrennlich
- sind oft zusammen
- mögen uns sehr
- ____________
- ____________

Das macht meinen Hund so besonders:

____

____

____

____

Davon träumt mein Hund:

Datum:

Im Napf meines Hundes landet meistens:

____
____
____
____

Das esse ich fast so gerne wie mein Hund:

Das empfinde ich für meinen Hund:

Datum:

Male hier die Ohren deines Hundes, schau genau, wie
ihre Form ist und wie die Farbe aussieht:

Heute ist mein Hund sehr:

____

____

____

Richtig gefreut habe ich mich heute über:

Datum:

Für meinen Hund bin ich heute:

____

____

____

____

Das hat heute meinen Hund am meisten interessiert:

○ schlafen   ○ entdecken

○ spielen   ○ verstecken

○ toben   ○ Leckerli suchen

○ einfach niedlich   ○ ______________
sein

Das ist mir heute besonders aufgefallen:

Datum:

Mein Hund spielt am liebsten:

____

____

____

____

Das mag mein Hund besonders gern, auch wenn er es
eigentlich nicht darf:

So habe ich mich heute mit meinem Hund beschäftigt:

Datum:

Mein Hund hat heute Jagen gespielt mit:

- ⬭ einem Bällchen
- ⬭ einem Stöckchen
- ⬭ meinem Finger
- ⬭ raschelndem Papier
- ⬭ meinem Schuh
- ⬭ ____________

Manchmal nenne ich meinen Hund:

____

____

____

Mein Hund ist für mich:

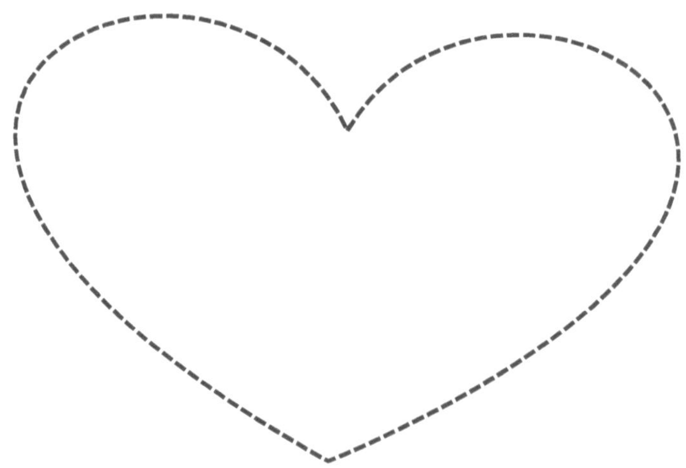

Datum:

Das höre ich, wenn ich ganz leise bin und meinem
Hund lausche (vielleicht leises Schnaufen oder
Knuspergeräusche beim Fressen oder etwas anderes?):

____

____

____

____

Hier male ich das Lieblingsspielzeug meines Hundes:

Damit hat mich mein Hund heute zum Lächeln
gebracht:

Datum:

Das möchte ich heute einfach für meinen Hund malen:

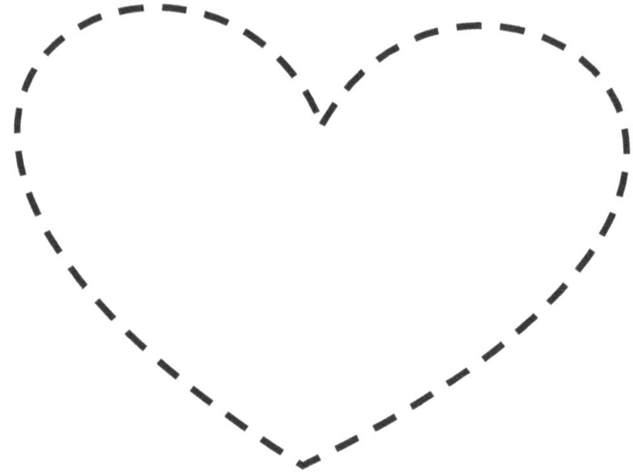

Das hat meinem Hund heute richtig gut geschmeckt:

____

____

____

Das wollte ich immer schon mal loswerden:

Datum:

Dorthin geht mein Hund am allerliebsten:

____

____

____

____

____

____

So sieht das Fell meines Hundes aus: Einfarbig oder mehrfarbig? Hier male ich es auf:

Das war heute mein Lieblingsmoment mit meinem Hund:

Datum:

Als ich meinen Hund bekommen habe, hat mir
besonders gefallen:

____

____

____

____

____

Und aus diesem Grund bin ich auf den Namen meines
Hundes gekommen:

____

____

____

____

Hier ist ein schöner Moment mit mir und meinem
Hund (gemalt, geschrieben oder eingeklebt):

Datum:

Als ich meinen Hund das erste Mal gesehen habe, war
mein erster Gedanke:

____

____

____

Das habe ich heute am liebsten mit meinem Hund
gespielt:

Hier male ich, wie mein Hund kuschelt:

Datum:

Heute war mein Hund:

◯ ein bisschen wild   ◯ ganz verschlafen

◯ ziemlich lustig   ◯ riesenhungrig

◯ quietschvergnügt   ◯ in Kuschellaune

Oder ganz anders:_________________________________

Und das ist heute vom Futter noch übrig geblieben:

Das war heute ein Schmunzelmoment mit meinem Hund:

Datum:

Das bin ich mit meinem Hund:

Wenn mein Hund schläft, dann ist er:

○ besonders süß   ○ zusammengerollt

○ ganz entspannt   ○ verträumt

Oder ganz anders:_______________________________________

Besonders viel Freude hat mir heute gemacht:

Datum:

Zeichne die kleine Schnauze deines Hundes:

Meine Lieblingsspielzeit mit meinem Hund ist:

____
____
____
____

Darüber habe ich bei meinem Hund heute richtig gestaunt:

Datum:

Diese drei Dinge habe ich heute für meinen Hund
gemacht:

    1. ____

    2. ____

    3. ____

Und das würde ich gerne mehr für meinen Hund tun:

Mein Lieblingsaugenblick mit meinem Hund war
heute:

Datum:

Das erzähle ich anderen sehr gerne über meinen Hund:

____

____

____

Und das habe ich schon einmal für meinen Hund
gebastelt:

Besonders gut gefallen hat mir heute:

Datum:

Wenn ich die Augen schließe und an meinen Hund denke, sehe ich:

Manchmal ist mein Hund auch ein bisschen verrückt, dann macht er:

____

____

____

Und das ist immer wieder besonders schön:

Datum:

Die Nase eines Hundes ist einmalig. So wie unser
Daumenabdruck nur einmal vorkommt, ist auch die
Hundenase jeweils ganz besonders. Das kann mein
Hund besonders gut mit seiner Nase:

____

____

____

____

So sieht die einmalige Nase meines Hundes aus:

Das ist mir heute besonders aufgefallen:

Datum:

Hunde können sehr gut hören, viel besser als
Menschen. Hunde können Geräusche auch einfach
ausblenden. Auch wenn Besuch da ist und viel geredet
wird, hört ein Hund sofort die Kühlschranktür. Mein
Hund hört

- oft auf mich
- den Dosenöffner
- manchmal gar nicht
- sogar Menschen, die noch weit weg sind

Oder am liebsten dann:_______________________________

Das habe ich heute beobachtet:

____

____

____

Richtig gut getan hat mir heute mit meinem Hund:

Datum:

Wenn man einen Hund streichelt, bleibt man länger gesund. Das haben Wissenschaftler herausgefunden. Meinen Hund streichle ich am liebsten

○ hinter den Ohren

○ am Bauch

○ entspannt am Rücken

○ eigentlich ständig

Oder dort:______________________________

Das ist gerade sein Lieblingsplatz:

Wenn ich mit meinem Hund zusammen bin, fühle ich:

Datum:

Hunde können bis zu 250 Wörter verstehen. Das kann auch ein Kind mit zwei Jahren und ist schon eine ganze Menge. Diese Wörter kann mein Hund verstehen:

____

____

____

____

Und das ist sein absolutes Superlieblingswort:

Das möchte ich heute gerne meinem Hund sagen:

Datum:

Diese Geräusche macht mein Hund manchmal:

____

____

____

Damit hat mein Hund heute gespielt:

Besonders Spaß gemacht hat mir heute mit meinem
Hund:

Datum:

Wenn ich meine ausgestreckte Hand meinem Hund
entgegenhalte, dann

- ⭘ schnuppert er und
  leckt daran

- ⭘ will er sofort
  schmusen

- ⭘ möchte er spielen

- ⭘ hofft er auf
  Leckerli

Oder ganz anders:_________________________________

Darum ist mein Hund bei uns eingezogen:

____

____

____

____

Und so fühle ich mich heute, wenn ich meinen Hund
sehe:

Datum:

Das interessiert meinen Hund immer ganz besonders:

Wenn Besuch kommt, dann macht mein Hund meistens das:

____

____

Heute war ein schönes Erlebnis:

Datum:

Das mag ich genauso gerne wie mein Hund:

Das mag mein Hund überhaupt nicht:

Und so toll war heute mein Hund:

Datum:

Diese Lieblingsleckerlis hat mein Hund heute richtig gern geschleckert:

1. ______________________________________

2. ______________________________________

3. ______________________________________

Mein Hund war heute

◯ total verspielt   ◯ völlig hungrig

◯ großartig   ◯ ein Schmusekeks

Oder ganz anders:______________________________

Darum sind mein Hund und ich beste Freunde:

Datum:

Wenn es nach meinem Hund ginge, würde er am liebsten den ganzen Tag dies schleckern, aber das darf er natürlich nicht:

Mein Hund war heute:

○ ein bisschen chaotisch   ○ lustig

○ immer beschäftigt   ○ ein Träumerchen

Oder ganz anders:_________________________

Das war heute richtig lustig mit meinem Hund:

Datum:

Wenn ich mal nicht da bin und plötzlich zur Tür hereinkomme, macht mein Hund meistens das:

____

____

____

____

Und davon könnte mein Hund träumen, wenn ich nicht da bin:

Davon träume ich, wenn ich an meinen Hund denke:

Datum:

Das hat mein Hund schon gelernt:

____

____

____

____

Manchmal bringe ich etwas als Überraschung für
meinen Hund mit:

Und das ist mir heute aufgefallen:

Datum:

Mein Hund mag an Regentagen am liebsten:

Und so sieht es aus, wenn ich mit meinem Hund
Stöckchen spiele:

Heute hätte ich für meinen Hund am liebsten das noch
gemacht:

Datum:

Mein Hund flippt komplett aus, wenn:

____

____

____

____

Daran habe ich heute für meinen Hund besonders
gedacht:

Und so spielt mein Hund am liebsten:

Datum:

Das Fell meines Hundes war heute:

○ glänzend   ○ etwas struppig

○ seidig-glatt   ○ schmuseweich

Oder ganz anders:_______________________________________

Darum kümmere ich mich bei meinem Hund am liebsten:

____
____
____
____

Wenn ich gemeinsam mit meinem Hund träumen könnte, dann hätten wir diesen Traum:

Datum:

Dieses Essen mag ich gar nicht, aber dafür mag das
mein Hund ganz besonders:

____

____

____

____

Was das Futter betrifft, ist mein Hund:

◯ ein Schnell-
   futterer

◯ ein Schlecker-
   mäulchen

◯ wählerisch

◯ immer in
   Futterlaune

Heute war ein toller Moment:

Datum:

Der liebste Ort meines Hundes ist:

Wenn Besuch kommt, ist mein Hund:

○ neugierig   ○ ängstlich

○ wie immer   ○ aufgeregt

Oder ganz anders:________________________________

Mein Hund ist eigentlich ein Superheld, weil:

Datum:

Manchmal vergesse ich:

____

____

____

____

Das wäre ein Fantasie-Schlaf-Kuschel-Platz für
meinen Hund:

Darum liebe ich meinen Hund:

Datum:

Mein Hund ist für mich:

○ mein Liebling   ○ superniedlich

○ Ruhepol nach der   ○ immer da
  Schule

Oder ganz anders:_________________________________

Heimlich nenne ich meinen Hund manchmal:

____

____

____

____

Und diese Eigenschaften mag ich bei meinem Hund
sehr gerne:

Datum:

So sieht mein Hund aus, wenn er spielen will:

Das habe ich heute für meinen Hund gemacht:

Darum könnte ich nie auf meinen Hund verzichten:

Datum:

Wenn ich meinem Hund ein Geschenk machen
könnte, wäre es das hier:

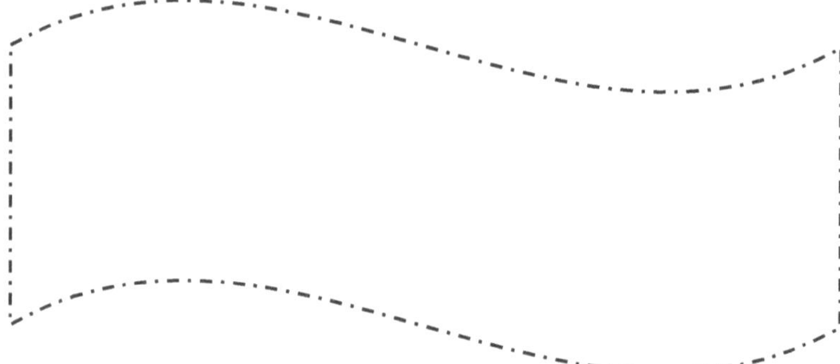

Mein Hund hat am liebsten, wenn ich:

____

____

____

Damit hat mich mein Hund heute zum Staunen
gebracht:

Datum:

Das unterscheidet meinen Hund von anderen:

____

____

____

Das mach ich immer sehr gerne für meinen Hund:

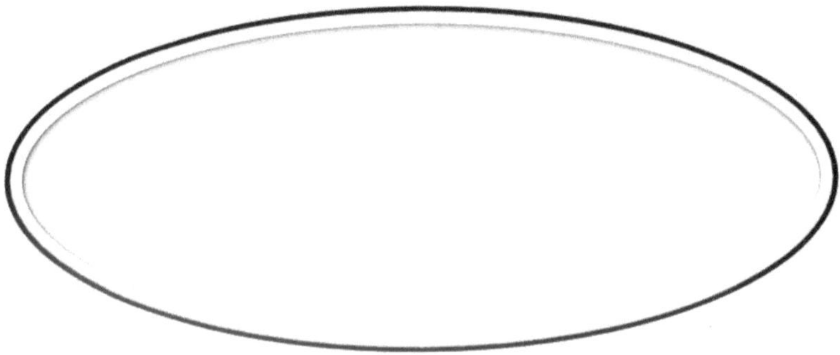

Und darüber musste ich heute sehr schmunzeln:

Datum:

Die Zeit mit meinem Hund ist oft:

◯ lustig   ◯ spannend

◯ ruhig   ◯ interessant

◯ immer neu   ◯ ein wildes Spiel

Oder ganz anders:_______________________________

Wer weckt wen eigentlich auf? Meistens wecke ich
meinen Hund auf oder er ist schon wach, manchmal
weckt sogar mein Hund mich auf:

____

____

Wenn ich die Tür öffne, freut sich mein Hund so:

Datum:

Davor hat mein Hund manchmal Angst:

____

____

____

Und so sieht er ganz mutig aus:

Darüber habe ich mich heute gefreut:

Datum:

Das ist das richtig extrageheime Geheimversteck
meines Hundes:

Und das ist der Ort, an dem sich mein Hund am
liebsten aufhält:

____
____
____

Darüber habe ich mich heute gewundert:

Datum:

Das darf mein Hund alles:

____

____

____

____

____

____

Das habe ich in der letzten Zeit für meinen Hund
gebaut oder umgestellt:

Das dachte ich heute über meinen Hund:

Datum:

Heute war mein Hund besonders:

◯ zutraulich   ◯ gelassen

◯ neugierig   ◯ fröhlich

Oder ganz anders:_______________________________________

Darin hat mein Hund schon eine richtige Meisterschaft
entwickelt:

____
____
____
____

Das hat mir heute mit meinem Hund sehr viel Freude
gemacht:

Datum:

Ein Hund schwitzt über seine Pfoten. Und die riechen manchmal dann auch nach Mais oder sogar Popcorn. Vielleicht rieche ich später mal an den Pfoten, aber so sehen die Pfoten jetzt gerade aus:

Mein Hund zeigt mir, dass er mich mag, indem er:

____

____

____

____

Oft bin ich von meinem Hund deshalb begeistert:

Datum:

Wenn mein Hund gemütlich schläft, sieht das so aus:

Und so kann man das lustigste Geräusch beschreiben,
das mein Hund von sich gibt:

____

____

____

Das war heute ein sehr niedlicher Moment:

Datum:

Das hatte ich mir heute ganz anders mit meinem
Hund vorgestellt:

____

____

____

Das wäre ein richtiger Wunsch-Tag für meinen Hund:

Das war heute ein Lächel-Moment mit meinem Hund:

Datum:

Darauf hatte mein Hund heute riesigen Appetit:

Wenn ich meinem Hund einen Brief schreiben würde,
dann würde ich das schreiben:

____

____

____

____

____

Ein magischer Moment mit meinem Hund war heute:

Datum:

Das Aussehen meines Hundes ist besonders:

Mein Hund versteht sich mit anderen Tieren:

◯ super   ◯ immer besser

◯ mal so und so   ◯ lieber nicht

Oder ganz anders:_________________________

Ein tolles Erlebnis mit meinem Hund heute war:

Datum:

Das ist heute vom Futter übrig geblieben:

____

____

____

Mein Hund zeigt mir, wie er sich fühlt über seine
Körpersprache. Wenn sich mein Hund freut, sieht das
so aus:

Ich habe meinen Hund soooo gerne:

Datum:

Hunde können Liebe und Zuneigung ausdrücken
und sogar eifersüchtig werden. Sie sind uns Menschen
da sehr ähnlich. Mein Hund war schon einmal
eifersüchtig

○ auf einen anderen   ○ auf Besuch
   Hund

○ und auch be-   ○ schläft lieber
   leidigt

Oder auch:_________________________________

Und so sieht es aus, wenn mein Hund hinter einem
Ball herrennt und die Ohren fliegen:

Das hat mir heute viel Spaß mit meinem Hund
gemacht:

Datum:

Wir haben einige gemeinsame Rituale. Mein Hund
weiß ganz genau, wenn ich

⬭ Leckerli hole	⬭ die Futterdose öffne
⬭ das Spielzeug suche	⬭ länger schlafen will

Oder:_______________________________________

Wenn ich den Leckerli-Test mache und drei ver-
schiedene Sorten Leckerli getrennt hinlege, dann
gewinnt:

____

____

So sieht es aus, wenn mein Hund und ich entspannen:

Datum:

Wenn ich meinen Hund richtig verwöhnen will, dann:

____

____

____

Und so sehen die Näpfe meines Hundes aus:

Das war heute ein Supermoment mit meinem Hund:

Datum:

Wenn es Futter gibt, dann ist mein Hund:

◯ aufgeregt	◯ ungeduldig
◯ neugierig	◯ ganz entspannt

Oder ganz anders:_________________________________

Damit meinem Hund nicht langweilig ist, hat er das zum Spielen und Entdecken:

Und das war heute ein tolles Erlebnis beim Gassigehen:

Datum:

Mein Hund war heute:

◯   superlieb   ◯   sehr aktiv

◯   verschlafen   ◯   gerne am Toben

Oder ganz anders:_________________________________

Unverwechselbar ist mein Hund, weil:

Mein Hund erobert jeden Tag neu mein Herz:

Datum:

Mein Hund kann besonders gut:

- ⭘ herumtollen
- ⭘ ein super Freund sein
- ⭘ süß sein
- ⭘ lieb gucken

Oder ganz anderes:_______________________________

Den Tag verbringt mein Hund am liebsten damit:

Darum möchte ich meinen Hund nie mehr hergeben:

Hier kannst du selbst noch viele, viele eigene Ideen aufschreiben, malen oder gestalten: